Das neue dicke Kindergarten-Malbuch

mit farbigen Vorlagen

Mit Bildern von Andrea Pöter

Die Giraffe hat so ein schönes Fell.
Male auch der anderen ein Muster.

Ein Krokodil hat großen Hunger. Siehst du seine Zähne?

Oink, oink! Haben beide Ferkel ein Ringelschwänzchen?

Beide Törtchen schmecken köstlich! Welches hat eine Erdbeere?

Ein Chamäleon hat gerade seine Farbe verändert. Welches hat Punkte und welches Streifen?

Die Blumen freuen sich auf frisches Wasser.
Welche Gießkanne gefällt dir besser?

Der Motorroller braust durch die Straßen.
Male auch den zweiten bunt an.

Es klappert die Mühle …
Wo kann der Müller
rausschauen?

Schnell wie der Wind sausen die Rennautos!
Erkennst du bei den Autos einen Unterschied?

Zwei kleine Frösche machen Jagd auf Fliegen.
Welcher ist schneller?

Male die Schildkröte an und benutze viele bunte Farben.

Sssssss! Eine Schlange
hat kein Muster.
Male ihr eins!

Ahoi, ihr Piraten!
Halten beide das Gleiche
in der Hand?

Funkelnde Schätze aus Diamanten und Perlen. Wo hat sich eine Krone versteckt?

Schau genau:
Welcher Fliegenpilz
hat mehr Punkte?

Lecker, Eiscreme!
Welche Sorten isst du gern?

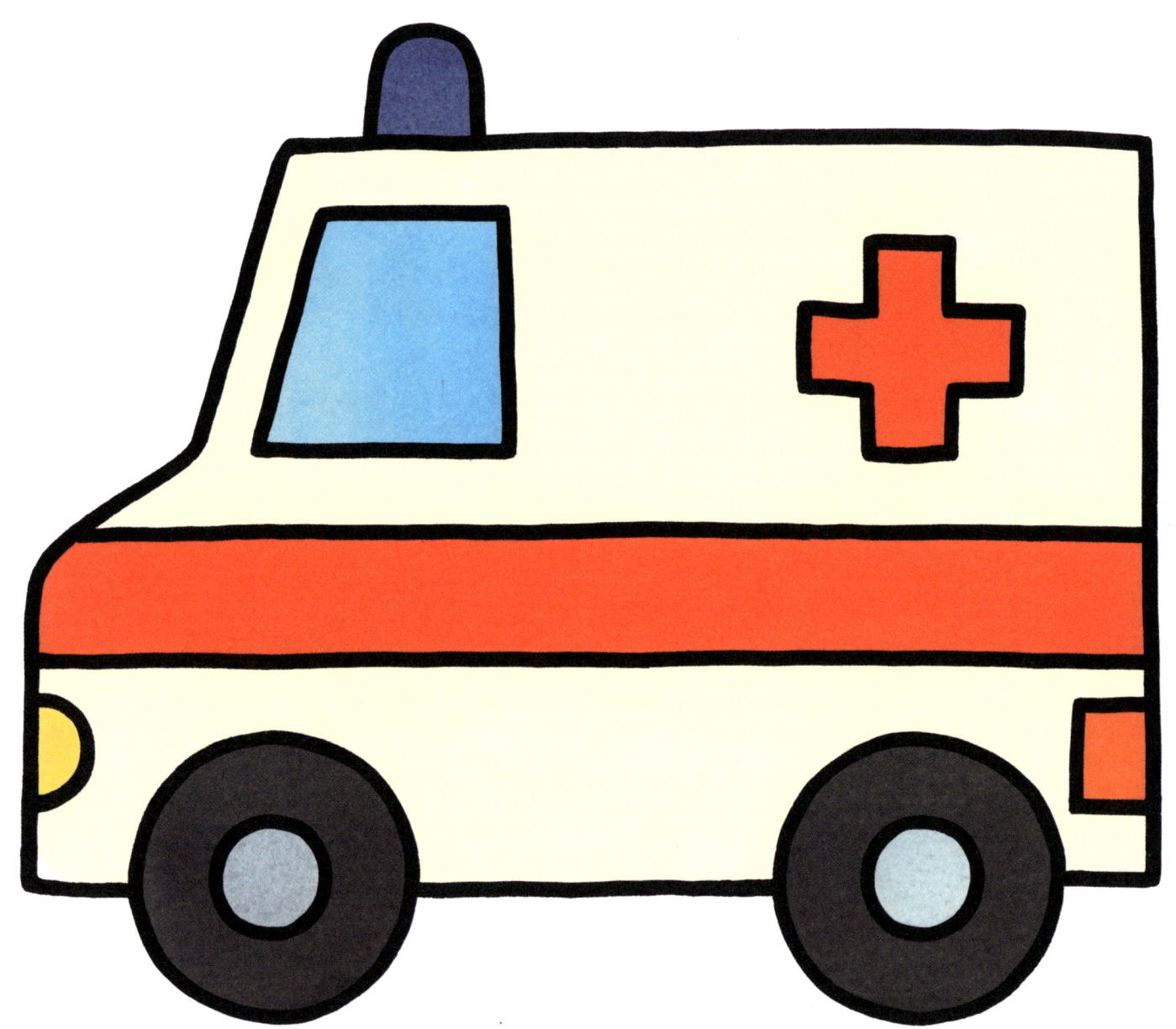

Tatütata! Einem Krankenwagen fehlt etwas.

Zwei Prinzessinnen haben sich
für den Ball schick gemacht.

Was halten sie in der Hand?

Blubb,
blubb.
Die Seepferdchen
unterscheiden sich.
Erkennst du, worin?

Male auch dem zweiten Tiger viele schöne Streifen auf sein Fell.

Die Buntstifte malen in verschiedenen Farben.
Welches ist deine Lieblingsfarbe?

Diese Segelboote sind auf
großer Fahrt.
Beide brauchen oben am Mast
eine Flagge. Male sie dazu.

Laterne, Laterne!
Wo erkennst du Mond und Sterne?

Es ist Plätzchenzeit!
In einem Bild hat sich ein Fehler eingeschlichen.
Siehst du ihn?

In der Nacht erwachen die Eulen.
Welche ist noch ein wenig müde?

Male das Xylofon bunt an.
Wie viele Schlägel siehst du?

Brumm! Schau dir die Lenker der Motorräder genau an.

Hier wird gehämmert!
Leider sind zwei Nägel krumm.
Welche?

Die Sonnenblumen wachsen
im Garten.
Welcher fehlt ein Blatt?

Lecker, Wassermelone! Wo wurde schon genascht?

Schau dir beide Hüte genau an.
Erkennst du den Unterschied?

Auf zum Spielplatz!
Ein Laufrad hat einen kleinen Stern.

Bei diesem Traktor
sieht ein Lämpchen
anders aus.
Entdeckst du es?

Auf der Baustelle wird
eifrig gebuddelt.
Wo siehst du einen Spaten,
wo einen Eimer?

Beide Sägen sind schön zackig.
Welche hat zwei Schrauben am Griff?

Hoch hinaus fliegen
diese Ballons.
Sehen sie genau
gleich aus?

Schau dir die Erdbeeren an. Findest du den Unterschied?

Kikeriki!
Male dem Hahn ein leuchtendes Gefieder!

Die Weintrauben sind reif und saftig.
Male auch die anderen an.

In welchem Leuchtturm
brennt kein Licht?

Male den Clown bunt an.
Siehst du, was ihm im
Gesicht noch fehlt?

Der Pfau ist stolz auf sein Federkleid.
Male den Kopfschmuck dazu.

Im Sommer gibt es leckere Himbeeren!
Male auch die zweite schön an.

Am Strand liegen bunte Muscheln.
Welche Farben soll deine Muschel bekommen?

Los geht die Reise! Wer sitzt wo?

Das bunte Spielauto saust herum. Aber womit wird gelenkt?

Zeit zum Zähneputzen! Auf welcher Tube erkennst du einen Zahn?